Légumes Toujours

Collection « bien être et santé »

Danielle BEAUREGARD

Légumes Toujours

Charles Corlet
EDITIONS
Collection ÉQUILIBRES
14110 CONDE-SUR-NOIREAU

Dans la même collection :

Ces mille pâtes
Œufs aussi
Riz avec nous

ISBN : 978-2-85480-608-3

INTRODUCTION

Les légumes sont une véritable richesse en vitamines, minéraux et fibres, nécessaires à notre santé et notre équilibre alimentaire. En toute saison, il est facile d'avoir notre ration de bonnes vitamines tout en préservant notre ligne car les légumes apportent peu de calories (suivant leur préparation bien entendu). Dans un régime amaigrissant, ils auront une place de choix pour ne pas souffrir de la faim tout en vous aidant à garder votre forme. Crus ou cuits, les légumes s'accommodent de mille façons, à vous de trouver celles qui vous les feront aimer ainsi qu'à votre famille ou vos amis. Mangez-les toujours rapidement après les avoir achetés et évitez ceux qui auront séjourné en plein soleil ou qui donnent des signes de « vieillissement » : taches, flétrissures, etc. Privilégiez les légumes de saison, ils seront de meilleure qualité et d'un prix plus abordable.

CHAUSSONS DE LÉO

Ingrédients pour 4 personnes

- *8 endives*
- *250 g de champignons rosés-des-prés*
- *2 tranches de jambon blanc*
- *1 tranche de jambon de pays*
- *100 g de gruyère râpé*
- *1 gousse d'ail*
- *1 gros oignon*
- *1 œuf*
- *2 cs d'huile d'arachide*
- *sel, poivre.*

Préparation : 30 mn

Épluchez puis hachez l'oignon et les champignons avant de les faire revenir dans l'huile.

Battez l'œuf en omelette et hachez les jambons.

Faites cuire les endives à la vapeur puis égouttez-les soigneusement avant de les éponger avec du papier absorbant et laissez-les refroidir.

Dans un saladier, mettez le contenu de la poêle et ajoutez le persil, l'ail écrasé, les jambons, l'œuf, le gruyère râpé, salez et poivrez.

Écartez les feuilles des endives et coupez le cœur que vous hacherez et ajouterez à la farce.

Remplissez chaque endive de farce, rabattez les feuilles et mettez-les les unes contre les autres dans un plat à gratin beurré avant d'enfourner, th. 7 (210 °C), 20 mn environ.

AUBERGINES GRATINÉES

Indrégients pour 4 personnes

- *4 belles aubergines*
- *quelques brins hachés de ciboulette, de basilic, d'estragon, de persil plat*
- *150 g de cantal râpé*
- *un peu de chapelure*
- *20 cl de crème fraîche allégée*
- *1 petite boîte de concentré de tomate*
- *1 verre d'huile d'arachide*
- *sel, poivre.*

Préparation : 20 mn

Lavez et pelez les aubergines.

Coupez-les en rondelles, salez puis laissez-les dégorger 30 mn environ.

Ensuite, passez-les sous l'eau froide pour retirer le sel et séchez-les très soigneusement.

Faites chauffer l'huile dans une sauteuse et mettez à frire les aubergines.

Épongez-les ensuite soigneusement avec du papier absorbant.

Faites chauffer la crème, ajoutez du sel et du poivre puis le concentré de tomate et les herbes hachées.

Dans un plat à gratin beurré, disposez les aubergines et versez la sauce par dessus.

Saupoudrez de fromage et mettez au four th. 6 (180 °C) 10 mn, puis sous le gril quelques instants pour donner une couleur dorée à votre plat.

GRATIN DES BOIS

Ingrédients pour 4 personnes

- *500 g de pommes de terre fermes*
- *400 g de cèpes*
- *100 g de lardons*
- *100 g de gruyère râpé*
- *10 cl de crème fraîche allégée*
- *3 branches de persil*
- *2 gousses d'ail*
- *sel, poivre.*

Préparation : 20 mn

Préchauffez le four th. 7 (210 °C).

Hachez le persil et pressez l'ail.

Pelez les pommes de terre et coupez-les en rondelles pas trop fines.

Nettoyez soigneusement les cèpes et faites-en des lamelles un peu épaisses.

Mélangez la crème au gruyère, au persil, ainsi qu'à l'ail.

Huilez un plat à four, en terre de préférence, et répartissez les pommes de terre, les lardons et les cèpes en alternant.

Poivrez, salez légèrement à cause des lardons puis nappez du mélange crème-persil-ail.

Mettez votre plat au four 30 mn environ.

Il doit avoir une jolie couleur dorée et les pommes de terre doivent être cuites ; vérifiez avec une fourchette avant de servir très chaud.

COURGETTES EN GONDOLES

Ingrédients pour 4 personnes

- *4 belles courgettes*
- *3 œufs*
- *100 g de gruyère râpé*
- *30 g de beurre*
- *1 cs de farine*
- *25 cl de lait*
- *sel, poivre.*

Préparation : 15 mn

Préchauffez votre four th. 7 (210 °C).

Coupez les extrémités des courgettes lavées puis ouvrez-les en deux, et creusez-les avec une cuillère à café.

Plongez ces moitiés dans de l'eau bouillante salée 3 mn avant de les égoutter et mettez-les dans un plat à gratin beurré.

Mixez la chair que vous avez retirée.

Faites une béchamel avec le beurre, la farine, le lait, du sel et du poivre.

Quand elle est prête, retirez du feu et ajoutez les jaunes des œufs, la chair mixée des courgettes, le sel, le poivre, et le gruyère râpé.

Battez les blancs d'œufs en neige ferme et ajoutez-les à votre préparation avant de remplir les demi-courgettes.

Faites cuire 25 mn environ en surveillant et, au besoin, baissez ou augmentez la température.

TOMATES GOURMANDES

Ingrédients pour 6 personnes

- *12 belles tomates mûres et fermes*
- *2 tranches de jambon de pays*
- *1 bol de feuilles de bettes hachées*
- *6 cs d'herbes hachées : persil, ciboulette, cerfeuil*
- *2 beaux oignons hachés*
- *3 cs de riz long cru*
- *1 cc de paprika*
- *100 g de gruyère râpé*
- *3 cs d'huile d'olive*
- *sel, poivre.*

Préparation : 15 mn

Préchauffez votre four th. 6 (180 °C).

Ôtez le gras du jambon avant de couper celui-ci en petits morceaux réguliers.

Lavez les tomates, essuyez-les et découpez un chapeau, puis enlevez la pulpe de l'intérieur en retirant jus et graines.

Hachez la chair et mettez-la dans un saladier.

Ajoutez alors l'oignon, les bettes, le riz, le jambon de pays, le gruyère, 2 cs d'huile d'olive, le sel, le poivre, paprika, et mélangez bien le tout.

Beurrez un plat à gratin dans lequel vous rangez les tomates creusées que vous remplissez de farce, mettez un chapeau sur chacune et versez 1 c d'huile d'olive sur l'ensemble.

Mettez au four pour 30 mn environ avant de servir.

ENDIVES TIMIDES

Ingrédients pour 4 personnes

- *8 belles endives*
- *1 œuf*
- *3 tomates bien mûres*
- *un peu de chapelure*
- *1 tranche de jambon blanc*
- *sel, poivre.*

Préparation : 20 mn

Préchauffez votre four th. 5 (150 °C).

Faites cuire les endives à la vapeur.

Mettez l'œuf à durcir 10 mn à l'eau bouillante.

Hachez le jambon après avoir retiré le gras.

Retirez la peau des tomates, après les avoir trempées dans de l'eau bouillante ce sera plus facile.

Coupez-les en morceaux.

Ôtez les graines et le jus puis passez-les au mixer pour obtenir une purée de tomate un peu épaisse.

Quand les endives sont cuites, égouttez-les très soigneusement.

Beurrez un plat à gratin et disposez vos endives en une couche, puis répartissez dessus le jambon haché avant de recouvrir avec la purée de tomate.

Salez, poivrez, et saupoudrez d'une fine couche de chapelure.

Mettez au four pour 15 mn.

Écalez l'œuf dur, écrasez-le à la fourchette et décorez le dessus du plat avant de servir.

JARDINIÈRE D'AUTOMNE

Ingrédients pour 4 personnes

- *300 g de carottes*
- *300 g de petits navets*
- *300 g de choux de Bruxelles*
- *1 boîte 4/4 de petits pois extra-fins*
- *3 beaux oignons coupés en lamelles*
- *20 cl de crème fraîche allégée*
- *2 cs d'herbes de Provence*
- *3 brins de cerfeuil et de persil haché*
- *3 cs de beurre*
- *sel, poivre.*

Préparation : 30 mn

Faites blanchir les choux de Bruxelles en les plongeant 3 mn dans de l'eau bouillante salée, puis égouttez-les bien.

Pelez les carottes et les navets et coupez-les en petits morceaux avant de les laver et de les essorer.

Faites fondre le beurre dans une sauteuse et mettez-y les carottes, les navets et les oignons.

Au bout de 5 mn, ajoutez les choux de Bruxelles, la crème fraîche, le sel et le poivre.

Dès l'ébullition, ajoutez les petits pois bien égouttés et couvrez.

Laissez mijoter à feu doux une vingtaine de minutes en vérifiant que les légumes soient bien cuits.

Au moment de servir, saupoudrez le plat de cerfeuil et de persil.

FORESTIÈRE

Ingrédients pour 8 personnes

- *1 kg de champignons rosés-des-prés*
- *200 g de jambon blanc*
- *2 tranches de jambon cru haché*
- *2 gros oignons émincés*
- *4 cs de beurre*
- *1 gousse d'ail*
- *2 cs de persil haché*
- *6 cs de madère*
- *30 cl de crème fraîche allégée*
- *sel, poivre.*

Préparation : 20 mn

Coupez le bout sableux des champignons et lavez-les bien avant de les couper en lamelles.

Mettez-les à sec dans une poêle ordinaire.

Quand ils ne rendent plus d'eau, ils sont cuits.

Coupez le jambon blanc en petits dés et hachez l'ail.

Faites chauffer le beurre dans une sauteuse, puis mettez l'oignon à revenir quelques minutes avant de lui ajouter le jambon cru.

Versez alors les champignons, le sel, le poivre, l'ail, la crème, le persil et le madère.

Laissez mijoter à petit feu une dizaine de minutes avant d'ajouter les dés de jambon blanc.

Augmentez le feu, laissez 2 mn puis servez ou mettez de côté pour le lendemain ou le surlendemain.

Vous réchaufferez alors doucement avant le repas.

TERRINE DE COURGETTES

Ingrédients pour 4 personnes

- *1 kg de courgettes*
- *100 g de lard fumé*
- *4 œufs*
- *10 cl de crème fraîche allégée*
- *1 gousse d'ail en purée*
- *1 cc de curry*
- *5 cs de beurre*
- *sel, poivre.*

Préparation : 15 mn

Préchauffez votre four th. 7 (210 °C).

Lavez, coupez les deux extrémités, puis coupez les courgettes en rondelles.

Faites-les revenir dans une cocotte, à feu vif, dans le beurre chaud, puis à feu doux, jusqu'à ce qu'il n'y ait pratiquement plus de liquide.

Beurrez un plat à gratin et répartissez-les.

Faites revenir le lard détaillé en petits dés dans une poêle, à sec, afin qu'il rende toute sa graisse.

Filtrez et mettez les lardons sur les courgettes.

Dans un saladier, mélangez les œufs battus avec la crème fraîche, l'ail en purée, le curry, salez, poivrez.

Recouvrez votre plat de cette sauce et enfournez pour une quinzaine de minutes.

Surveillez la cuisson et au besoin baissez la température pour obtenir un gratin légèrement doré.

FENOUIL DES ÎLES

Ingrédients pour 6 personnes

- *6 fenouils*
- *1 citron*
- *20 cl de vin blanc sec (1 verre)*
- *2 cs de coriandre hachée*
- *2 cs de noisettes hachées*
- *3 cs d'huile d'arachide*
- *sel, poivre.*

Préparation : 15 mn

Ôtez les feuilles dures des fenouils puis coupez-les en 6 parts.

Lavez soigneusement le citron et coupez-le en rondelles.

Faites chauffer l'huile d'arachide dans une sauteuse et mettez à revenir le fenouil et les tranches de citron.

Ajoutez le vin, du sel et du poivre.

À ébullition, baissez le feu et faites mijoter une vingtaine de minutes.

Deux minutes avant la fin, ajoutez la coriandre hachée et les noisettes.

Ôtez du feu et laissez refroidir.

Vous pourrez préparer de la même manière des cœurs d'artichaut, des champignons, du chou-fleur ou autre, suivant vos goûts...

Vous pouvez ajouter également des graines de sésame grillées, si vous aimez.

CHARLOTTE SURPRISE

Ingrédients pour 6 personnes

- *1 kg de carottes, moyennes et plutôt jeunes*
- *200 g de chair à saucisse*
- *200 g de veau haché*
- *3 biscottes*
- *10 cl de lait*
- *1 poignée de persil haché + quelques brins*
- *10 cl de vin blanc sec*
- *2 œufs*
- *1 cc de paprika*
- *1 cs d'herbes de Provence*
- *2 cs de beurre*
- *sel, poivre.*

Préparation : 30 mn

Pelez les carottes puis lavez-les et coupez-les en deux dans le sens de la longueur.

Mettez-les à cuire 45 mn dans de l'eau bouillante salée puis égouttez-les bien.

Préchauffez votre four th. 6 (180 °C).

Dans un saladier, mélangez la chair à saucisse avec le veau haché, les biscottes trempées dans le lait puis un peu pressées, les œufs, le persil haché, le vin blanc, le paprika et les herbes de Provence.

Beurrez un moule à charlotte et tapissez le fond et le tour avec les demi-carottes, en mettant la partie arrondie vers l'intérieur du moule.

Remplissez l'intérieur avec la farce et les carottes en faisant une couche de chaque et en terminant par des carottes.

Répartissez le beurre en petites noisettes sur le dessus avant de mettre au four.

Laissez 45 mn environ en couvrant de papier d'aluminium sur le dessus à mi-cuisson.

Vous démoulerez votre charlotte aussi originale que délicieuse, et décorerez avec quelques brins de persil.

CROQUINETTES

Ingrédients pour 4 personnes

- *500 g de pommes de terre*
- *400 g de steak haché*
- *2 œufs*
- *2 cs de persil haché*
- *un peu de farine*
- *de la chapelure*
- *sel, poivre.*

Préparation : 20 mn

Faites cuire les pommes de terre épluchées, lavées et coupées en morceaux dans de l'eau bouillante salée 30 mn environ.

Faites-en une purée à laquelle vous mélangez la viande, les œufs, le persil, le sel et le poivre.

Formez des croquinettes (boules aplaties) que vous passez dans la farine puis dans la chapelure, avant de faire revenir dans un peu d'huile, et servez très chaud.

BARQUETTES D'AUBERGINES

Ingrédients pour 6 personnes

- *6 aubergines*
- *100 g de ricotta*
- *1 poignée de noix hachées*
- *le jus de 1/2 citron*
- *400 g de tomates*
- *3 biscottes*
- *50 g de chair à saucisse*
- *50 g de parmesan râpé*
- *2 cs de persil et de cerfeuil hachés*
- *2 cs d'huile d'olive*
- *sel, poivre.*

Préparation : 20 mn

Préchauffez le four th. 6 (180 °C).

Ébouillantez les tomates afin d'en retirer la peau puis coupez-les, en jetant les graines et le jus, avant de les hacher.

Dans un plat à four, mettez l'huile d'olive et recouvrez avec les tomates.

Lavez les aubergines puis coupez-les en deux.

Ôtez la chair avec une cuillère et hachez-la avant de la mélanger à la chair à saucisse.

Ajoutez la ricotta écrasée à la fourchette, les noix hachées, le jus de citron, les biscottes passées au mixer, le parmesan, les herbes, le sel et le poivre.

Remplissez les demi-aubergines que vous poserez sur le lit de tomates.

Enfournez le plat pour 45 mn environ en surveillant la cuisson.

Les aubergines doivent être cuites, bien tendres et si vous aimez, vous pouvez mettre le gril quelques minutes avant la fin de la cuisson.

Attention de ne pas déssécher votre plat.

Celui-ci peut se manger chaud, tiède ou froid...

FÈVES DE PRINTEMPS

Ingrédients pour 4 personnes

- *3 kg de fèves nouvelles à écosser*
- *3 beaux oignons hachés fin*
- *quelques branches de sariette fraîche*
- *sauce béchamel*
- *sel, poivre.*

Préparation : 40 mn

Écossez et retirez la peau des fèves.

Passez-les 1 mn dans l'eau en ébullition.

Faites une béchamel avec 40 g de beurre, 40 g de farine et 75 cl de bouillon.

Vous y ferez mijoter l'oignon, la sariette émiettée, du sel, du poivre.

Faites cuire quelques instants avant d'ajouter les fèves pour une dizaine de minutes.

Elles doivent cuire jusqu'à s'écraser facilement à la fourchette (des fèves moins jeunes prendront plus de temps).

Vérifiez l'assaisonnement et servez très chaud.

ARTICHAUTS DE JULIE

Ingrédients pour 4 personnes

- *4 fonds d'artichauts crus*
- *6 œufs*
- *100 g de gruyère râpé*
- *1 cs de persil haché*
- *1 cs de basilic haché*
- *2 cs d'huile d'arachide*
- *2 cc de curry*
- *quelques peluches de cerfeuil*
- *sel, poivre.*

Préparation : 20 mn

Coupez les fonds d'artichauts en fines lamelles puis mettez-les dans une poêle avec l'huile.

Couvrez et laissez sur feu doux jusqu'à ce qu'ils soient cuits.

Ajoutez le persil, le basilic et mélangez.

Battez les œufs en omelette avec du sel, du poivre, et le curry.

Ajoutez le gruyère râpé et versez le tout dans la poêle, sur les artichauts.

Couvrez et faites cuire doucement jusqu'à ce que les artichauts soient pris dans l'omelette et que le gruyère soit fondu.

Servez très chaud en décorant avec les peluches de cerfeuil.

Vous pouvez également manger ce plat froid accompagné d'une salade de saison.

BOUCHÉES JOHN

Ingrédients pour 4 personnes

- *1 boîte de maïs de 300 g environ*
- *100 g de jambon cru de pays*
- *100 g de gruyère râpé*
- *2 œufs*
- *3 cs de farine*
- *un peu d'huile d'arachide*
- *1 cs de persil haché*
- *sel, poivre.*

Préparation : 15 mn

Hachez le jambon cru après avoir retiré toutes les parties grasses.

Égouttez le maïs.

Dans une terrine, mélangez la farine, les œufs, le maïs, le jambon cru, le persil et le fromage, le sel et le poivre.

Faites chauffer l'huile dans une poêle et déposez votre préparation dans une proportion de 2 cuillères à soupe.

Formez des « bouchées » qui cuiront dans la friture, puis retournez-les délicatement pour les faire dorer de l'autre côté.

Vous les poserez sur du papier absorbant avant de les saupoudrer légèrement de sel.

Ces bouchées sont délicieuses servies avec une bonne salade verte croquante, genre batavia, dont la sauce sera relevée, de préférence, et légèrement aillée, si vous en aimez le goût.

GRATIN D'AUTOMNE

Ingrédients pour 4 personnes

- *250 g de rosés-des-prés*
- *quelques cèpes ou bolets (2 ou 3)*
- *1 kg de topinambours*
- *150 g de gruyère râpé*
- *1 oignon haché fin*
- *de la chapelure*
- *2 œufs*
- *5 cs de beurre*
- *40 cl de lait*
- *30 cl de crème fraîche allégée*
- *sel, poivre.*

Préparation : 35 mn

Préchauffez votre four th. 5 (150 °C).

Épluchez les topinambours puis lavez-les et coupez-les en rondelles.

Coupez les pieds des champignons, lavez les rosés mais essuyez les cèpes, puis coupez-les en lamelles.

Faites revenir les cèpes dans un peu de beurre.

Dans une terrine, mélangez les œufs, le lait, la crème, les 3/4 du gruyère, l'oignon, salez et poivrez.

Beurrez un plat à gratin dans lequel vous disposez les topinambours et les champignons.

Versez votre mélange par dessus puis saupoudrez de chapelure, du reste de gruyère râpé et de quelques noisettes de beurre avant d'enfourner votre plat pour 1 h environ en surveillant la cuisson.

PAIN DE CAROTTES

Ingrédients pour 6 personnes

- *300 g de carottes*
- *3 œufs*
- *60 g de farine*
- *1 cs de beurre*
- *1/2 bouquet de ciboulette*
- *1 cc de paprika*
- *1 paquet de levure chimique*
- *sel, poivre.*

Préparation : 10 mn

Préchauffez le four th. 6 (180 °C).

Pelez, lavez et râpez les carottes assez fin.

Dans un grand saladier : mélangez les carottes avec la farine, la levure, du sel, du poivre, le paprika, et la ciboulette hachée fin.

Battez les œufs afin qu'ils soient bien mousseux et ajoutez-les à votre mélange.

Versez le tout dans un moule à cake beurré et fariné.

Mettez à cuire au four pour 40 mn environ.

Renversez le pain de carottes sur un joli plat et décorez tout autour d'une chiffonnade de salade.

Vous servirez avec une sauce tomate un peu relevée.

Ce plat peut se déguster également froid accompagné de cornichons, de quartiers de tomates, d'œufs durs, d'olives.

Le dessus pourra être décoré de rondelles de carottes cuites à la vapeur et de peluches de persil.

CÉLERI EN AUMONIÈRES

Ingrédients pour 4 personnes

- *2 céleris-raves*
- *2 branches de céleri*
- *250 g de pommes de terre*
- *6 feuilles de brick*
- *100 g de gruyère râpé*
- *10 cl de crème fraîche allégée*
- *noix de muscade râpée*
- *sel, poivre.*

Préparation : 35 mn

Préchauffez votre four th. 6 (180 °C).

Pelez, lavez et coupez en morceaux les céleris-raves et les pommes de terre.

Commencez par faire cuire 35 mn le céleri en le plongeant dans une grande casserole d'eau froide salée.

À ce moment-là, ajoutez pour 25 mn les pommes de terre et le céleri.

Quand tout est cuit, égouttez et passez au mixer avant d'y ajouter la crème fraîche, le gruyère râpé, la noix de muscade râpée, du sel et du poivre.

Mettez 1 feuille de brick dans 4 ramequins et passez du beurre fondu partout avant d'ajouter la préparation à l'intérieur.

Découpez 4 ronds dans les feuilles restantes, posez-les dessus en y passant du beurre fondu.

Faites cuire au four une dizaine de minutes en surveillant qu'ils ne colorent pas trop.

TERRINE VERTE

Ingrédients pour 4 personnes

- *200 g de champignons rosés-des-prés en lamelles*
- *1 kg de brocolis*
- *1 bouquet de ciboulette hachée*
- *1 bol d'épinards cuits*
- *1 oignon émincé*
- *2 grousses d'ail*
- *4 œufs*
- *150 g de crème fraîche allégée*
- *70 g de pistaches*
- *1 cs de chapelure*
- *sel, poivre, muscade.*

Préparation : 35 mn

Préchauffez votre four th. 3 (150 °C).

Faites cuire les brocolis à la vapeur 4 mn et les champignons, quant à eux, seront revenus « à sec » dans une poêle.

Mixez les brocolis, ajoutez l'ail en purée, l'oignon, la crème, la chapelure, les pistaches, le sel, le poivre et la muscade, puis beurrez une terrine et tapissez-la avec des épinards cuits avant de verser votre préparation en alternant avec les champignons.

Terminez en recouvrant avec les épinards restants et fermez la terrine avant de la mettre à cuire au bain- marie 2 h environ.

Pressez pour retirer le jus et laissez refroidir.

À servir avec une sauce : avocat, yaourt, herbes, sel, poivre, mixés ensemble.

FÈVES EN FARANDOLE

Ingrédients pour 4 personnes

- *800 g de fèves*
- *400 g de pois gourmands*
- *1 tranche de lard fumé*
- *4 cs de beurre*
- *25 cl de bouillon de volaille*
- *un peu de cerfeuil*
- *1 pointe de cayenne*
- *sel, poivre.*

Préparation : 25 mn

Dans une grande marmite, faites chauffer de l'eau salée.

Épluchez les pois gourmands.

Écossez les fèves.

Plongez les pois gourmands et les fèves et faites-les cuire 3 mn environ.

Égouttez avant de retirer la peau des fèves.

Détaillez le lard en petits dés et faites-les revenir dans une poêle sans matière grasse.

Retirez la graisse rendue et mettez le beurre à fondre avant d'y ajouter les fèves et les pois.

Mélangez le tout, salez, poivrez légèrement et ajoutez un peu de cayenne si vous aimez.

Versez alors le bouillon et portez à ébullition.

À ce moment, baissez le feu et laissez mijoter doucement 15 mn environ.

Servez très chaud avec des peluches de cerfeuil.

GALETTE CROUSTILLANTE

Ingrédients pour 4 personnes

- *700 g de pommes de terre*
- *5 œufs*
- *250 g de gruyère râpé*
- *1/2 bouquet de ciboulette hachée*
- *4 cs de beurre*
- *10 cl de crème fraîche allégée*
- *un peu de muscade*
- *sel, poivre.*

Préparation : 25 mn

Épluchez et lavez les pommes de terre avant de les râper.

Dans un grand saladier, mettez les pommes de terre, les œufs cassés un par un et mélangez.

Ajoutez ensuite la crème fraîche, du sel, du poivre, de la muscade et la ciboulette hachée.

Dans une grande poêle, faites chauffer la moitié du beurre.

Versez votre préparation et laissez cuire 10 mn environ sur feu pas trop fort jusqu'à ce que ce soit « pris ».

Glissez délicatement votre « galette » sur une grande assiette puis retournez-la.

Faites cuire dans le beurre restant encore une dizaine de minutes sur ce deuxième côté.

Tout le monde aimera cette galette avec une salade.

Vous pouvez ajouter du jambon, des petits pois...

CHOU FIN DE MOIS

Ingrédients pour 4 personnes

- *1 beau chou frisé*
- *3 belles pommes de terre*
- *150 g de gruyère râpé*
- *10 cl de crème fraîche allégée*
- *2 cs de noisettes concassées*
- *1 cc de coriandre hachée*
- *6 cs de beurre*
- *1 oignon émincé*
- *2 gousses d'ail hachées*
- *un peu de muscade*
- *sel, poivre.*

Préparation : 20 mn

Préchauffez le four th. 7 (210 °C).

Retirez les côtes du chou et coupez les feuilles en lanières.

Épluchez les pommes de terre et lavez-les avant de les couper en rondelles, puis mettez-les à cuire 30 mn avec le chou dans de l'eau bouillante salée.

Faites revenir l'oignon avant d'y ajouter les légumes égouttés, salez, poivrez, ajoutez la muscade et l'ail.

Hors du feu, ajoutez la crème fraîche, le gruyère râpé, les noisettes, et mélangez bien avant de verser dans un plat à gratin beurré.

Mettez au four un petit quart d'heure le temps de donner une belle couleur à votre plat et servez aussitôt.

CANAPÉS DES BOIS

Ingrédients pour 6 personnes

- *6 belles tranches de pain de campagne*
- *2 belles tomates*
- *2 mozarelle*
- *200 g de gros champignons de Paris*
- *2 gousses d'ail*
- *un peu d'huile d'olive*
- *2 cc d'herbes de Provence*
- *quelques feuilles de basilic frais, haché*
- *sel, poivre.*

Préparation : 15 mn

Épluchez l'ail et frottez un côté du pain avant d'y mettre un peu d'huile d'olive.

Supprimez le bout sableux des champignons et lavez-les soigneusement avant de les couper en lamelles.

Salez, poivrez, et mélangez avant de les mettre de côté.

Vous les ferez cuire « à sec » dans une poêle jusqu'à ce qu'ils ne rendent plus d'eau.

Coupez le fromage pour avoir 6 tranches.

Lavez et coupez les tomates en retirant le jus et les pépins.

Sur chaque tartine de pain huilé, mettez une tranche de mozarelle, de la tomate, des champignons, des herbes de Provence, puis passez sous le gril afin que le fromage fonde.

Servez bien chaud parsemé de basilic.

CHAUSSONS BELGES

Ingrédients pour 4 personnes

- *8 endives*
- *250 g de champignons rosés-des-prés*
- *200 g de blanc de poulet cuit haché*
- *200 g de gruyère râpé*
- *2 blancs de poireaux cuits*
- *2 œufs*
- *1 bel oignon émincé*
- *1 gousse d'ail hachée*
- *2 cs d'huile d'arachide*
- *quelques brins de persil haché*
- *sel, poivre.*

Préparation : 35 mn

Préchauffez votre four th. 7 (210 °C).

Coupez le pied des endives, essuyez-les et faites-les cuire à la vapeur 10 mn environ.

Pressez-les pour retirer toute leur eau.

Dans une poêle, faites revenir l'oignon et les champignons dans l'huile 5 mn environ.

Versez dans un saladier et ajoutez le persil, le poulet, le poireau, les œufs, le fromage, l'ail, le sel et le poivre.

Quand les endives sont froides, rabattez les feuilles du tour et coupez le cœur qui sera haché et ajouté au mélange.

Remplissez les endives de cette farce et resserrez les feuilles autour avant de les mettre dans un plat à gratin beurré puis de les enfourner pour 20 mn environ.

SOUFFLÉ TANTE CATHY

Ingrédients pour 4 personnes

- *6 œufs*
- *1 boîte de poivrons rouges au naturel*
- *200 g d'emmenthal râpé*
- *40 g de beurre*
- *40 g de farine*
- *20 cl de lait*
- *1 cc de curry en poudre*
- *sel, poivre.*

Préparation : 20 mn

Préchauffez votre four th. 6 (180 °C).

Dans une casserole, faites fondre le beurre puis ajoutez-y la farine en remuant rapidement pour former une boule sèche.

Sur feu doux, délayez lentement avec le lait pour faire épaissir.

Ajoutez les jaunes d'œufs en remuant puis du sel, du poivre, le curry, les poivrons égouttés et le fromage.

Battez les blancs d'œufs en neige très ferme avec une pincée de sel puis incorporez-les au mélange en soulevant délicatement avec une spatule.

Beurrez et farinez un moule à soufflé.

Versez votre préparation et enfournez pour une trentaine de minutes jusqu'à belle coloration.

N'ouvrez surtout pas la porte du four sinon votre soufflé redescendrait aussitôt !

De même qu'il faut le servir sans attendre...

LENTILLES EN RISOTTO

Ingrédients pour 4 personnes

- *100 g de lentilles*
- *100 g de riz*
- *50 cl de bouillon de bœuf*
- *20 cl de crème fraîche allégée*
- *3 cs de sauce de soja*
- *1 oignon*
- *3 cs d'huile d'arachide*
- *sel, poivre.*

Préparation : 15 mn

Pelez et hachez finement l'oignon.

Dans une cocotte, mettez l'huile d'arachide à chauffer puis faites blondir l'oignon légèrement.

Ajoutez le riz et les lentilles et laissez mijoter doucement 5 mn.

Versez alors le bouillon.

Continuez la cuisson pendant une quarantaine de minutes environ en surveillant.

Quand c'est prêt, égouttez le riz et les lentilles en gardant le jus de cuisson.

Versez ce jus dans une casserole et ajoutez la crème fraîche.

Laissez réduire de manière à ce qu'il n'en reste que les 2/3 environ.

Assaisonnez à votre goût et dégustez bien chaud.

Vous pouvez ajouter des lardons, du chorizo, des saucisses grillées et coupées en rondelles...

SUPRÊME D'AVOCATS

Ingrédients pour 4 personnes

- *4 avocats*
- *20 noix de pétoncle*
- *quelques feuilles de salade*
- *2 jus de citron*
- *2 cs d'huile d'olive*
- *1 gousse d'ail*
- *sel, poivre.*

Préparation : 30 mn

Ce plat se prépare une demi-heure avant de passer à table.

Coupez les noix de pétoncle en lamelles fines et mettez-les da ns un plat creux, puis mélangez le jus de citron et l'huile et versez sur les pétoncles.

Ajoutez également l'ail dont la pulpe aura été réduite en purée, salez, poivrez.

Laissez mariner pendant une petite demi-heure.

À ce moment, coupez les avocats en deux et ôtez les noyaux.

Coupez la chair en petits dés et mettez-la dans un saladier.

Égouttez un peu les tranches de noix de pétoncle et ajoutez-les aux avocats.

Mélangez délicatement le tout pour ne pas en faire de la purée.

Remplissez les peaux d'avocats, disposez le tout sur un plat garni de feuilles de salade et à table !

GIROLLES EN ROBE VERTE

Ingrédients pour 4 personnes

- *500 g de girolles*
- *4 courgettes*
- *2 cs de noisettes écrasées*
- *2 cs de persil haché*
- *1 cs de ciboulette coupée*
- *10 cl de crème fraîche allégée*
- *1 cs de beurre*
- *sel, poivre.*

Préparation : 25 mn

Lavez les courgettes puis avec un couteau économe, retirez une bande verte tous les centimètres afin qu'elles soient bicolores.

Coupez-les ensuite en 3 morceaux que vous viderez en gardant la pulpe.

Emballez chaque tronçon dans du papier d'aluminium après avoir mis du sel et du poivre.

Faites-les cuire 10 mn en cocotte-minute.

Lavez rapidement les girolles et épongez-les soigneusement avant de les faire revenir dans le beurre chaud quelques minutes en y ajoutant la chair des courgettes que vous avez mise de côté.

Ajoutez alors la crème fraîche, le persil, la ciboulette, les noisettes, salez, poivrez.

Vérifiez l'assaisonnement puis remplissez chaque tronçon de courgette avec cette préparation et servez sans attendre.

FRICASSÉE BRETONNE

Ingrédients pour 4 personnes

- *4 fonds d'artichaut cuits*
- *150 g de champignons rosés-des-prés cuits*
- *150 g de lardons*
- *300 g de pommes de terre*
- *3 oignons hachés*
- *1 cs de coriandre fraîche*
- *1 cc de fleur de thym*
- *2 cs d'huile d'arachide*
- *1 cs de vinaigre de vin*
- *sel, poivre.*

Préparation : 15 mn

Faites revenir les lardons à sec dans une poêle afin qu'ils rendent toute leur graisse.

Jetez-la puis ajoutez l'huile avant d'y faire revenir les oignons.

Couvrez et laissez mijoter doucement pendant que vous pelez et lavez les pommes de terre.

Coupez-les en petits morceaux et ajoutez-les dans la poêle avec la coriandre et le thym.

Couvrez et laissez 20 mn environ sur feu doux.

Ajoutez alors les fonds d'artichaut coupés en petits morceaux.

Salez, poivrez, laissez 20 mn en surveillant la cuisson des pommes de terre.

Ajoutez le vinaigre puis vérifiez l'assaisonnement avant de servir bien chaud.

GRATIN BELGE

Ingrédients pour 6 personnes

- *800 g de choux de Bruxelles*
- *4 œufs*
- *200 g d'emmenthal râpé*
- *20 cl de crème fraîche allégée*
- *1 cs de paprika*
- *5 cs de beurre*
- *sel, poivre.*

Préparation : 15 mn

Préchauffez votre four th. 7 (210 °C).

Épluchez les choux de Bruxelles puis lavez-les soigneusement.

Faites bouillir de l'eau salée dans une grande cocotte et mettez les choux à cuire une quinzaine de minutes à compter de la reprise de l'ébullition (où bien faites-les cuire à la cocotte-minute).

Égouttez-les bien avant de les faire revenir dans une poêle avec 3 cs de beurre.

Faites-les dorer puis salez légèrement, poivrez et enfin, égouttez-les.

Dans un saladier, battez les œufs avec la crème et les trois quarts du fromage râpé, du sel, du poivre, du paprika.

Beurrez un plat à gratin et versez vos choux de Bruxelles, puis ajoutez le mélange œufs-crème-fromage par-dessus.

Saupoudrez le reste d'emmenthal, répartissez le reste de beurre et faites gratiner 10 mn en surveillant.

FRAÎCHEUR DE FÈVES

Ingrédients pour 6 personnes

- *2 kg de fèves*
- *2 oignons hachés fin*
- *1 cs de menthe fraîche*
- *2 cs de persil haché*
- *40 g de beurre*
- *40 g de farine*
- *75 cl de bouillon de volaille*
- *sel, poivre.*

Préparation : 25 mn

Écossez les fèves puis enlevez la peau avant de les passer sous l'eau bouillante 1 mn.

Faites un roux avec le beurre et la farine puis quand il prend une couleur dorée, ajoutez alors le bouillon de volaille.

Tournez bien l'ensemble avant d'y mettre l'oignon et la menthe.

Faites cuire quelques minutes puis ajoutez les fèves.

Laissez mijoter jusqu'à ce qu'elles se mettent en purée sous la cuillère.

Vérifiez alors l'assaisonnement avant de verser dans un grand plat de service.

Saupoudrez de persil et servez aussitôt.

Vous pouvez varier le goût tout en suivant votre inspiration du moment et mettre de la coriandre, des pignons, des lardons, etc.

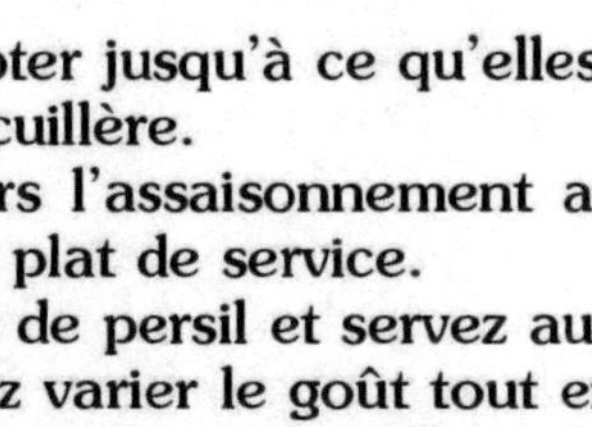

CROQUETTES BLANCHES

Ingrédients pour 6 personnes

- *3 beaux oignons en lamelles*
- *1 gousse d'ail*
- *250 g de haricots blancs au naturel*
- *2 œufs*
- *50 g de chapelure*
- *5 feuilles de sauge*
- *du coulis de tomate*
- *un peu de farine*
- *3 cs d'huile d'arachide*
- *2 pincées de thym émietté*
- *sel, poivre.*

Préparation : 20 mn

Hachez l'ail puis faites chauffer 1 cs d'huile et mettez les oignons à dorer légèrement.

Un peu avant la fin, ajoutez l'ail.

Rincez les haricots puis égouttez-les soigneusement avant de les mixer.

Ajoutez l'ail et les oignons à cette purée ainsi que la chapelure, 1 œuf, du sel, du poivre, et mélangez bien le tout avant d'en faire des boulettes compactes avec une cuillère à soupe.

Dans une assiette, battez un œuf, dans une autre, mettez la farine puis roulez vos boulettes dedans.

Chauffez l'huile restante et faites-les dorer en les retournant souvent.

Servez avec le coulis de tomate très chaud.

TERRINE DU FÉNÉANT

Ingrédients pour 6 personnes

- *500 g de courgettes*
- *500 g de pommes de terre*
- *500 g de tomates*
- *300 g d'oignons*
- *300 g de champignons de Paris*
- *10 cl de bouillon de volaille*
- *2 cs de beurre*
- *sel, poivre.*

Préparation : 20 mn

Lavez les légumes et coupez-les en rondelles ; les champignons seront lavés et coupés en lamelles un peu épaisses.

Faites préchauffer le four th. 7 (210 °C).

Beurrez un plat à four assez grand pour tout contenir, de préférence en terre.

Vous allez placer tous les légumes en mettant une rangée de chaque et en les faisant se chevaucher.

Arrosez le tout avec le bouillon et répartissez dessus des petits dés de beurre.

Enfournez votre plat pour 1 heure environ en surveillant la cuisson.

Vous pouvez varier les légumes en fonction de vos goûts, mais aussi des saisons.

Ce gratin, très simple à réaliser, accompagnera une viande. Il peut aussi être un plat complet si vous ajoutez des lardons ou des dés de jambon.

MOUSSE D'ARTICHAUT EN ROBE

Ingrédients pour 4 personnes

- *4 beaux artichauts*
- *1/2 verre de lait*
- *2 grosses tomates*
- *paprika*
- *sel, poivre.*

Préparation : 25 mn

Commencez par faire cuire les artichauts à la cocotte-minute.

Quand ils sont un peu refroidis, retirez les feuilles en grattant la chair de chacune.

Gardez les plus tendres vers le cœur pour décorer votre plat.

Otez le foin et passez au mixeur les cœurs et la chair récupérée.

Mélangez à cette purée le demi-verre de lait.

Ajoutez du sel et du poivre, un peu de paprika, et vérifiez l'assaisonnement.

Plongez les tomates quelques minutes dans de l'eau bouillante afin d'en ôter facilement la peau.

Une fois retirées, coupez-les en deux, ôtez les pépins et le jus et mixez-les.

Ajoutez-y du sel et du poivre.

Sur 4 assiettes, répartissez le coulis de tomate et faites, au milieu, des petits tas de purée d'artichaut.

Placez les feuilles autour de la purée pour former une fleur et servez avec du jambon cru par exemple.

BETTES FRILEUSES

Ingrédients pour 4 personnes

- *1 paquet de bettes*
- *3 œufs*
- *20 cl de crème fraîche allégée*
- *100 g de gruyère râpé*
- *4 tranches de jambon cru en dés*
- *1 gousse d'ail*
- *1 cs de beurre*
- *sel, poivre*

Préparation : 30 mn

Préchauffez votre four th. 7 (210 °C).

Épluchez et lavez les bettes.

Faites-les cuire une dizaine de minutes à la cocotte-minute.

Beurrez un plat à four, de préférence en terre.

Répartissez la moitié des bettes, bien égouttées, en une couche, puis disposez des dés de jambon cru et recouvrez avec le reste de bettes.

Dans un saladier, battez les œufs avec la crème, les 3/4 du gruyère, l'ail épluché et écrasé, du sel, du poivre.

Versez dans le plat avant de l'enfourner pour 1/2 h en surveillant.

Le dessus doit prendre une belle couleur dorée.

Ce plat est délicieux avec un rôti de veau par exemple.

Vous pouvez ajouter aussi du paprika, du curry ou de la noix de muscade.

FLAN DE LÉGUMES

Ingrédients pour 6 personnes

- *1 aubergine moyenne en rondelles*
- *1/2 céleri-rave en morceaux*
- *4 courgettes en rondelles*
- *4 tomates*
- *3 œufs*
- *2 cs de beurre*
- *100 g de gruyère râpé*
- *1 grand bol de béchamel*
- *sel, poivre.*

Préparation : 25 mn

Préchauffez le four th. 6 (180 °C).

Plongez 10 mn le céleri dans de l'eau bouillante salée avant de l'égoutter.

Faites chauffer le beurre dans une poêle et mettez le céleri à revenir ainsi que les courgettes.

Retirez-les avant qu'ils ne prennent couleur.

Dans la béchamel, ajoutez les œufs battus en omelette ainsi que le gruyère râpé.

Versez sur les légumes, puis mélangez délicatement le tout.

Beurrez un moule à tarte avant d'y verser votre préparation.

Posez votre plat dans un autre empli aux 2/3 d'eau bouillante.

Faites cuire au bain marie 30 mm environ.

Servir à la sortie du four avec une salade croquante.

CHAUSSONS D'HIVER

Ingrédients pour 4 personnes

- *250 g de lentilles vertes*
- *1 bouquet garni*
- *250 g d'oignons*
- *1 carotte*
- *3 poireaux*
- *4 crêpes chaudes*
- *3 gousses d'ail*
- *4 blancs en neige ferme*
- *40 g d'amandes effilées*
- *sel, poivre.*

Préparation : 1 heure

Épluchez et lavez les poireaux qui seront coupés en petits morceaux.

D'autre part, les lentilles devront cuire avec le bouquet garni, la carotte coupée en fines rondelles, ainsi que les oignons émincés et le poireau.

Retirez le bouquet garni avant de mixer le tout.

Vous allez obtenir une purée à laquelle vous incorporerez les blancs en neige, délicatement, en tournant toujours dans le même sens pour ne pas les « casser ».

Étalez les crêpes qui auront été maintenues au chaud et répartissez votre mousse de lentilles dessus.

Roulez-les, parsemez les amandes que vous aurez mises quelques minutes sous le gril pour leur donner une belle couleur dorée, et servez.

CROUSTILLANT D'ENDIVES

Ingrédients pour 4 personnes

- *2 à 3 endives par personne selon leur taille*
- *2 œufs*
- *de la farine*
- *de la chapelure*
- *de l'huile d'arachide*
- *sel, poivre.*

Préparation : 20 mn

Essuyez soigneusement les endives et coupez le bout du pied.

Faites-les cuire à la vapeur ou à la cocotte minute.

Égouttez-les bien en les pressant un peu afin qu'elles rendent toute l'eau qu'elles peuvent avoir.

Préparez deux assiettes : dans l'une, vous battrez les œufs en omelette, dans l'autre, vous verserez de la chapelure.

Passez chaque endive dans l'œuf battu puis dans la chapelure ; il faut qu'elles en soient bien enrobées.

Faites chauffer de l'huile dans une cocotte ou une poêle à bord haut dans laquelle vous mettez un peu de sel (ainsi, l'huile n'éclaboussera pas).

Faites dorer chaque endive dans ce bain de friture avant de les poser sur du papier absorbant pour retirer le surplus d'huile.

Salez et poivrez votre plat avant de le servir avec une salade verte bien relevée, ou encore avec une mayonnaise aillée.

FARCI DE CHOU

Ingrédients pour 4 personnes

- *8 petits artichauts*
- *1 chou vert*
- *150 g de chair à saucisse*
- *150 g de porc maigre haché*
- *3 cs de noisettes concassées*
- *20 cl de vin blanc sec*
- *2 œufs*
- *1 échalote hachée*
- *4 cs de beurre*
- *sel, poivre.*

Préparation : 30 mn

Lavez 8 grosses feuilles de chou et coupez légèrement le bas des côtes qui risquerait d'être dur.

Dans un grand saladier, mélangez la chair à saucisse, le porc haché, l'échalote, les œufs, du sel et du poivre.

Préparez les artichauts : il ne faut garder que les fonds.

Déposez sur chaque fond d'artichaut une belle boule de farce que vous façonnez avec vos mains.

Recouvrez d'une feuille de chou que vous collez bien à la farce et que vous rentrez tout autour sur le fond.

Faites revenir le beurre dans une cocotte et déposez délicatement vos fonds farcis.

Versez le vin blanc, fermez la cocotte et laissez mijoter 1 h environ à feu doux.

SURPRISE AU SAUMON

Ingrédients pour 4 personnes

- *4 belles pommes de terre (qui ne se défont pas)*
- *20 cl de crème fraîche allégée*
- *1 belle tranche de saumon fumé*
- *de la ciboulette*
- *sel, poivre.*

Préparation : 20 mn

Lavez les pommes de terre puis entourez chacune de papier d'aluminium sans les avoir épluchées.

Mettez-les au four th. 7 (210 °C) pour 1 h environ.

Coupez le saumon en petits morceaux.

Quand les pommes de terre sont cuites, sortez-les du four en faisant très attention de ne pas vous brûler car il ne faut pas qu'elles refroidissent : ouvrez-les sur le dessus.

À l'aide d'une cuillère à café, videz les 2/3 de la chair que vous réservez dans un saladier.

Vous y ajoutez la crème fraîche, le saumon fumé en morceaux, la ciboulette, un peu de sel (attention au saumon), mais poivrez bien le tout.

Vous pouvez ajouter un peu de paprika ou de curry, cela donnera un goût différent.

Remplissez vos pommes de terre avec cette farce et servez sans attendre.

Avec une salade verte ce sera un repas complet.

Vous pouvez remplacer le saumon par du jambon cru ou des lardons dorés.

GRATIN DU SOIR

Ingrédients pour 4 personnes

- *300 g de pommes de terre en rondelles*
- *200 g de courgettes*
- *30 cl de lait*
- *1 oignon en lamelles*
- *1 gousse d'ail en purée*
- *4 tranches de jambon cru*
- *40 cl de crème fraîche allégée*
- *1 cs de beurre*
- *1 cs de farine*
- *50 g de gruyère râpé*
- *sel, poivre.*

Préparation : 30 mn

Dans une grande casserole, mettez le lait à chauffer jusqu'à ébullition, en lui ajoutant sel et poivre.

Lavez les courgettes, et coupez-les en lamelles.

Coupez le jambon en longues bandes.

Dans le lait bouillant, mettez à cuire les pommes de terre ainsi que l'oignon, une dizaine de minutes.

Ajoutez alors les courgettes pour 10 mn.

Mélangez 20 cl de crème avec la farine et versez dans la casserole en attendant que cela épaississe, puis ajoutez les bandes de jambon cru.

Beurrez un plat à four et verser votre préparation.

Mettez le reste de crème par-dessus, puis le gruyère et passez au four th. 6 (180 °C) pour 45 mn environ jusqu'à ce que le dessus soit doré.

TOMATES TANTE CHLOÉ

Ingrédients pour 4 personnes

- *4 belles tomates*
- *150 g de lardons fumés*
- *2 oignons en fines lamelles*
- *1 belle tranche d'édam*
- *de la ciboulette*
- *1 œuf*
- *sel, poivre.*

Préparation : 25 mn

Préchauffez votre four th. 7 (210 °C).

Commencez par laver les tomates puis découpez un chapeau et retirez alors la chair, les pépins et le jus.

Salez l'intérieur et retournez-les sur une assiette pour leur faire rendre leur jus.

Faites revenir les lardons et les oignons, mais légèrement, ils ne doivent surtout pas brûler.

Coupez votre fromage en petits dés.

Lavez et coupez la ciboulette finement.

Dans un saladier, mélangez les oignons et les lardons légèrement refroidis, ainsi que la ciboulette et le fromage en morceaux.

Essuyez les tomates et, à l'intérieur de chacune, répartissez la farce à laquelle vous aurez ajouté du poivre.

Attention au sel des lardons !

Posez-les dans un plat légèrement beurré et mettez au four une petite demi-heure.

PÂTÉ DE COURGETTES

Ingrédients pour 4 personnes

- *500 g de courgettes bien tendres*
- *8 œufs*
- *1 bol de mayonnaise bien relevée*
- *2 gros oignons en lamelles*
- *1 cc de curry*
- *du persil*
- *1 gousse d'ail en purée*
- *2 cs de beurre*
- *sel, poivre.*

Préparation : 25 mn

Préchauffez le four th. 8 (240 °C).

Lavez les courgettes puis coupez-les en longues bandes.

Faites-les pocher 8 mn dans de l'eau bouillante salée avant de les égoutter soigneusement.

Faites revenir les oignons dans 1 cs de beurre jusqu'à ce qu'ils soient transparents.

Dans un saladier mélangez les œufs, le curry, le persil coupé fin, l'ail en purée, les oignons, salez, poivrez.

Beurrez une terrine et mettez la moitié des courgettes, versez dessus la moitié du mélange puis ajoutez le reste des courgettes et terminez par le mélange.

Faites cuire au bain-marie 50 mn environ.

Laissez refroidir ce pâté (préparer le matin pour le soir).

Servez-le avec la mayonnaise ou un coulis de tomates bien poivré et du basilic.

ÉPINARDS FORESTIERS

Ingrédients pour 4 personnes

- *800 g d'épinards frais*
- *400 g de rosés-des-prés*
- *2 cs de madère*
- *20 cl de crème fraîche allégée*
- *50 g de parmesan*
- *3 cs de beurre*
- *sel, poivre.*

Préparation : 30 mn

Commencez par éplucher et laver soigneusement les épinards.

Dans une cocotte, faites chauffer le beurre puis ajoutez les épinards qui devront fondre doucement.

Ajoutez-leur du sel et du poivre et remuez-les souvent.

Pendant ce temps, lavez les champignons après avoir retiré le bout sableux et coupez-les en lamelles.

Faites-les revenir dans une poêle, à sec.

Quand ils ne rendent plus d'eau, ils sont cuits.

À ce moment-là, ajoutez dans la poêle le madère, la crème et mélangez bien.

Salez, poivrez et réservez au chaud.

Beurrez un plat allant au four et répartissez vos épinards en une couche.

Recouvrez avec les champignons et la sauce, saupoudrez de parmesan et passez sous le gril du four pour quelques minutes jusqu'à coloration.

NAVETS GARNIS

Ingrédients pour 4 personnes

- *8 beaux navets*
- *200 g de rosés-des-prés*
- *350 g de chair de canard cuite*
- *50 cl de bouillon de volaille*
- *1 oignon émincé fin*
- *1 poignée de noisettes concassées*
- *4 cs de beurre*
- *de la muscade râpée*
- *sel, poivre.*

Préparation : 30 mn

Épluchez et lavez les navets que vous ferez cuire à la cocotte-minute.

Une fois cuits, découpez un chapeau sur chacun et évidez-les avec une cuillère à café, délicatement.

Hachez la chair de canard au mixer.

Coupez le pied sableux des champignons, lavez-les et mixez-les également avec celle des navets.

Faites fondre 3 cs de beurre dans une poêle et mettez-y les champignons, les navets mixés et la chair de canard à cuire doucement une dizaine de minutes.

Ajoutez les noisettes, du sel, du poivre et de la muscade.

Remplissez les navets avec cette farce et remettez les chapeaux.

Beurrez un plat à four, répartissez l'oignon, posez les navets, versez le bouillon et couvrez d'aluminium avant de cuire 50 mn th. 7 (210 °C).

PAUPIETTES ROMAINES

Ingrédients pour 6 personnes

- *2 romaines*
- *200 g de rosés-des-prés en petits morceaux*
- *400 g de chair à saucisse*
- *10 cl de crème fraîche allégée*
- *300 g de crépine de porc coupée en 18 rectangles*
- *2 œufs*
- *2 échalotes hachées*
- *10 cl de vin blanc sec*
- *3 cs de beurre*
- *du persil haché*
- *sel, poivre.*

Préparation : 25 mn

Prélevez 18 feuilles des romaines que vous lavez puis faites-les blanchir 30 secondes avant de les sècher dans un torchon sans les casser.

Dans une casserole, faites revenir les échalotes dans le beurre et ajoutez les champignons.

Dans un saladier, mélangez la chair à saucisse avec la crème fraîche, les œufs, le persil, puis les champignons, salez, poivrez.

Étalez 1 feuille de romaine, mettez de la farce, repliez et enroulez dans de la crépine.

Posez vos paquets dans un plat à four beurré, avec le vin blanc et couvrez de papier d'aluminium avant d'enfourner th. 8 (240 °C) pour 45 mn.

Ôtez le papier d'aluminium 10 mn avant la fin.

HOT DOG

Ingrédients pour 4 personnes

- *4 pommes de terre BF15 plutôt longues et pas trop grosses*
- *4 saucisses de Francfort*
- *4 tranches de jambon blanc fines*
- *du gruyère.*

Préparation : 15 mn

Pelez et lavez les pommes de terre.

Avec un long couteau pointu ou encore mieux, un vide-pomme, creusez chaque pomme de terre au centre, et dans toute sa longueur.

Ouvrez les saucisses de Francfort sans séparer les deux moitiés.

Vous pouvez badigeonner l'intérieur de moutarde si vous le voulez, puis vous allez répartir des petits bâtonnets de gruyère.

Fermez vos saucisses.

Glissez-les délicatement dans chaque pomme de terre.

Il vous faudra peut-être agrandir un peu l'ouverture pour que cela rentre bien.

Entourez alors d'une tranche de jambon blanc que vous maintiendrez avec un pic de bois.

Faites cuire à four moyen th. 6 (180 °C) environ, pendant une petite heure.

Cela fera le bonheur de vos enfants qui vous en redemanderont certainement bientôt !

FÈVES CAMPAGNARDES

Ingrédients pour 4 personnes

- *500 g de fèves écossées*
- *350 g de haricots blancs*
- *1 chou vert*
- *400 g de pommes de terre*
- *1 cuisse d'oie confite*
- *1 cc de thym*
- *sel, poivre.*

Préparation : 25 mn

Écossez les fèves et passez-les sous l'eau bouillante afin de les éplucher plus facilement.

Dans une grande cocotte, mettez les haricots et couvrez-les d'eau froide.

Laissez bouillir doucement 30 mn.

Jetez cette eau et remettez les haricots dans de l'eau chaude.

Reprenez la cuisson à petit feu, 1 h environ, en ajoutant le thym.

Pendant ce temps, épluchez et lavez les pommes de terre, ainsi que le chou.

Ajoutez tout cela aux haricots et au bout de 30 mn, ajoutez le confit ainsi que les fèves.

Salez, poivrez.

Ce plat doit mijoter encore 30 mn environ.

Vous pouvez y ajouter du lard, un saucisson de Morteau, etc.

À servir très chaud !

FENOUILS EN FÊTE

Ingrédients pour 6 personnes

- *6 fenouils*
- *6 cs de beurre*
- *20 cl de vin blanc sec*
- *10 cl de porto blanc*
- *de la chapelure*
- *2 jaunes d'œufs*
- *sel, poivre.*

Préparation : 15 mn

Préchauffez le four th. 7 (210 °C).

Commencez par préparer les fenouils en retirant les grosses tiges dures du tour.

Coupez les trognons et les feuilles puis lavez-les avant de les couper en quatre morceaux.

Faites fondre 3 cs de beurre dans une cocotte et mettez-y les fenouils à cuire doucement.

Quand ils commencent à fondre, ajoutez le porto et le vin blanc en complétant avec de l'eau afin de recouvrir les fenouils.

À ébullition, couvrez et laissez mijoter doucement une vingtaine de minutes.

Beurrez un plat à four et déposez-y les fenouils.

Laissez réduire le jus de moitié avant d'y ajouter les jaunes d'œufs battus.

Versez sur les fenouils puis recouvrez de chapelure avant de mettre au four 15 mn.

Terminez par 3 mn de gril pour colorer.

NAVETS SAUCE MOUTARDE

Ingrédients pour 4 personnes

- *1 kg de petits navets bien tendres*
- *50 cl de bouillon de bœuf*
- *2 œufs*
- *3 cs de moutarde forte*
- *2 cs de farine*
- *3 cs de beurre*
- *sel, poivre.*

Préparation : 25 mn

Épluchez et lavez les navets avant de les couper en morceaux.

Plongez-les dans une cocotte d'eau froide salée et portez à ébullition.

Au bout de 2 mn de cuisson, égouttez vos navets.

Dans une sauteuse, faites fondre le beurre.

Ajoutez-y la farine, en tournant avec une cuillère de bois, afin de mélanger sans colorer.

Versez le bouillon et laissez chauffer 2 mn sans cesser de tourner.

Mélangez la moutarde et laissez-la quelques minutes s'absorber avant d'y ajouter les navets, du sel et du poivre.

Ils devront mijoter tout doucement afin de devenir très tendres, soit une vingtaine de minutes.

Vérifiez leur cuisson ainsi que l'assaisonnement.

Avant de servir, battez les œufs en omelette et jetez-les dans la cocotte pour qu'ils se lient à la sauce.

TOURTE SURPRISE

Ingrédients pour 6 personnes

- *500 g de pommes de terre*
- *500 g de carottes*
- *1 chou-fleur*
- *300 g de blanc de poulet cuit ou de restes*
- *3 œufs*
- *20 cl de crème*
- *100 g de gruyère râpé*
- *1 cs de beurre*
- *sel, poivre.*

Préparation : 20 mn

Préchauffez le four th. 6 (180 °C).

Épluchez et lavez les légumes, puis coupez les carottes et les pommes de terre en rondelles.

Faites cuire le chou-fleur quelques minutes à la cocotte-minute.

Plongez les carottes dans de l'eau bouillante salée pendant 5 mn puis ajoutez les pommes de terre et prolongez de 10 mn.

Coupez le poulet en morceaux.

Battez les œufs avec la crème fraîche, le gruyère, salez, poivrez.

Dans un plat à four beurré, disposez les pommes de terre puis le chou-fleur, les carottes, le poulet.

Recouvrez avec le mélange œuf, crème, gruyère et enfournez pour 20 mn en surveillant la cuisson.

Vous pouvez y ajouter des lardons, de la muscade...

FLAN FRIBOURGEOIS

Ingrédients pour 4 personnes

- *1 kg de pommes de terre*
- *200 g de fromage de Fribourg*
- *4 œufs*
- *50cl de lait*
- *10 cl de crème fraîche allégée*
- *3 cs de beurre*
- *1/2 bouquet de ciboulette coupée fin*
- *sel, poivre.*

Préparation : 20 mn

Épluchez, lavez les pommes de terre, puis coupez-les en rondelles très régulières que vous mettez dans une casserole, en recouvrant d'eau froide salée.

À ébullition, laissez cuire 5 mn avant de les égoutter très soigneusement.

Préchauffez le four th. 7 (210 °C).

Dans une sauteuse, faites revenir les pommes de terre dans le beurre une dizaine de minutes.

Beurrez un plat à four et mettez-les en couches égales sans qu'elles ne soient amalgamées les unes aux autres.

Dans un saladier, battez énergiquement les œufs avec le lait, puis ajoutez la crème, la ciboulette, du sel et du poivre, le mélange doit être bien mousseux.

Ajoutez le fromage, râpé au dernier moment, versez le mélange sur les pommes de terre et faites cuire 20 mn au four.

FEUILLES FARCIES

Ingrédients pour 6 personnes

- *1 chou vert*
- *150 g de riz*
- *250 g de restes de viande blanche hachée*
- *un peu de mie de pain*
- *1 oignon coupé fin*
- *2 œufs*
- *10 cl de lait*
- *1 cc de curry*
- *3 cs de beurre*
- *2 tranches de jambon cru en morceaux*
- *sel, poivre.*

Préparation : 25 mn

Préchauffez le four th. 7 (210 °C).

Dans une cocotte, faites chauffer le beurre et mettez-y l'oignon à cuire doucement avant d'y ajouter le riz.

Mélangez et ajoutez 25 cl d'eau, du sel, du poivre.

Faites cuire 20 mn pendant que vous détachez les feuilles du chou qui seront lavées puis plongées dans de l'eau bouillante salée pendant 5 mn avant d'être égouttées soigneusement.

Dans le riz, ajoutez la viande, le jambon, la mie de pain trempée dans le lait et pressée, les œufs, le curry, du sel, du poivre, et mélangez bien.

Posez à plat 3 feuilles de chou et mettez-y une cuillère de farce, enroulez-les et mettez-les, avec 1/2 verre d'eau, dans un plat beurré, à cuire 25 mn.

BOUCHÉES D'AVOCATS

Ingrédients pour 6 personnes

- *4 avocats plutôt fermes*
- *200 g de farine*
- *10 cl de bière*
- *2 œufs*
- *1 cs d'huile d'arachide + huile pour la friture*
- *1/4 cc de piment de cayenne*
- *6 tiges de ciboulette ciselée*
- *sel, poivre.*

Préparation : 20 mn

Commencez par préparer la pâte à beignets en faisant un puits au centre de la farine.

Mettez-y les jaunes d'œufs, la cs d'huile, la ciboulette, le piment, la bière, les blancs battus en neige, et mélangez cette pâte.

Ôtez la peau des avocats avant de les couper en morceaux pas trop petits.

Préparez la bassine à friture.

Lorsque l'huile est bien chaude, à l'aide d'une longue fourchette, piquez chaque morceau d'avocat délicatement et trempez-le bien dans la pâte.

Plongez-le dans l'huile bouillante le temps qu'il prenne une belle couleur dorée.

Égouttez ces beignets très soigneusement sur du papier absorbant sans vous brûler.

Vous dégusterez ces bouchées avec une salade bien croquante et légèrement relevée si vous aimez.

ARTICHAUTS MARINS

Ingrédients pour 4 personnes

- *4 artichauts*
- *150 g de petites crevettes roses ou grises épluchées*
- *1 tranche fine de saumon fumé*
- *15 cl de crème fraîche allégée*
- *2 œufs*
- *sel, poivre.*

Préparation : 25 mn

Préchauffez votre four th. 7 (210 °C).

Préparez les artichauts en coupant les queues au niveau des têtes.

Enlevez les grosses feuilles abîmées et dures du pourtour.

Lavez-les en écartant les premières feuilles avant de les faire cuire à la cocotte-minute suivant le temps prévu.

Laissez-les légèrement refroidir puis coupez le haut des feuilles.

Écartez-les pour pouvoir retirer le foin du milieu et les farcir.

Dans un saladier, mélangez les œufs battus avec la crème, du sel et du poivre.

Ajoutez-y les crevettes décortiquées et le saumon coupé en petits morceaux.

Tournez bien cette farce et répartissez-la dans les artichauts.

Déposez-les dans un plat à four beurré et faites cuire une vingtaine de minutes.

POIREAUX D'HIVER

Ingrédients pour 6 personnes

- *1 kg de poireaux*
- *600 g de pommes de terre*
- *500 g de saucisses fumées*
- *20 cl de vin blanc sec*
- *3 cs de beurre*
- *sel, poivre.*

Préparation : 20 mn

Épluchez et lavez les poireaux avant de les couper finement.

Pelez les pommes de terre, lavez-les et coupez-les en petits morceaux.

Dans une cocotte, faites fondre le beurre et mettez les poireaux sur feu très doux, à couvert, 30 mn.

Ajoutez alors les pommes de terre, ainsi que le vin blanc, du sel, du poivre, pour encore 30 mn.

À ce moment-là, posez les saucisses dessus et couvrez la cocotte afin de terminer votre cuisson à l'étouffée pendant une heure.

La cuisson est un peu longue mais cette fondue de poireaux mélangée aux pommes de terre et aux saucisses aura un fumet merveilleux et sera très appréciée par une froide journée d'hiver.

Pour servir, versez les légumes dans un grand plat rond puis répartissez dessus les saucisses, soit entières si elles sont de petite taille, soit coupées en tranches épaisses, et régalez-vous...

GRATINÉE MEXICAINE

Ingrédients pour 4 personnes

- *500 g d'aubergines*
- *2 gousses d'ail*
- *1 oignon émincé fin*
- *250 g de haricots rouges*
- *2 l de bouillon de bœuf*
- *2 cs d'huile d'arachide*
- *1 pincée de cayenne*
- *de la chapelure*
- *sel.*

Préparation : 20 mn

Préchauffez le four th. 7 (210 °C).

Mettez les haricots rouges à tremper la veille au soir.

Égouttez-les avant de les mettre dans une grande marmite avec le bouillon de bœuf, puis à cuire pendant 1 h 30 environ (goûtez-les).

Lavez et coupez en rondelles les aubergines avant de les faire revenir dans l'huile, sur chaque face, puis égouttez-les sur du papier absorbant.

Remplacez-les par l'oignon émincé, l'ail épluché et coupé en petits morceaux, sans qu'ils colorent.

Égouttez les haricots, puis ajoutez-leur du sel, le cayenne, et mélangez.

Beurrez un plat allant au four.

Versez les haricots, l'oignon et l'ail, recouvrez par les aubergines, puis la chapelure et enfournez pour 30 mn jusqu'à belle coloration du dessus.

POMMES DE TERRE PROVENÇALES

Ingrédients pour 6 personnes

- *1 kg de pommes de terre*
- *1 oignon en lamelles fines*
- *4 tomates*
- *100 g de gruyère râpé*
- *2 gousses d'ail*
- *quelques feuilles de basilic*
- *50 cl de bouillon de bœuf*
- *sel, poivre.*

Préparation : 20 mn

Préchauffez le four th. 6 (180 °C).

Épluchez les pommes de terre puis lavez-les avant de les couper en rondelles pas trop fines.

Lavez et coupez les tomates également.

Beurrez un plat allant au four et répartissez les lamelles d'oignon, l'ail coupé très fin.

Disposez une couche de pommes de terre puis une autre de tomates, et ainsi de suite jusqu'à épuisement. Salez légèrement (attention au bouillon !) et poivrez chaque nouvelle couche.

Recouvrez de bouillon.

Répartissez sur le plat le basilic coupé très fin et le gruyère.

Mettez au four pour 45 mn environ, jusqu'à ce que le dessus soit doré.

Vérifiez la cuisson des pommes de terre avec un couteau.

FOLIE DE COURGETTES

Ingrédients pour 6 personnes

- *1 kg de courgettes*
- *125 g de riz*
- *3 œufs*
- *20 cl de crème fraîche allégée*
- *100 g de gruyère râpé*
- *2 cs d'huile d'olive*
- *un peu de basilic haché*
- *sel, poivre.*

Préparation : 25 mn

Préchauffez le four th. 7 (210 °C).

Faites cuire le riz normalement mais il ne doit pas être tout à fait cuit, ni encore croquant.

Faites chauffer l'huile d'olive dans une sauteuse.

Mettez à revenir les courgettes lavées et coupées en rondelles, pendant une petite demi-heure et sur feu doux, en les couvrant.

Attention qu'elles n'attachent pas (ajoutez un peu d'eau ou de bouillon si nécessaire).

Lorsque le riz est cuit ainsi que les courgettes, versez le tout dans un grand saladier, avec sel et poivre.

Battez les œufs et la crème, puis ajoutez les 3/4 du gruyère râpé, du sel, du poivre, et versez ce mélange dans le saladier avec les courgettes et le riz.

Ajoutez le basilic haché puis mettez le tout dans un plat beurré, et enfournez pour 15 mn environ, le temps que le plat soit cuit et le dessus doré.

HARICOTS À LA TOULOUSAINE

Ingrédients pour 4 personnes

- *1 kg de haricots beurre*
- *2 belles tomates*
- *1 gousse d'ail*
- *1 petite boîte de concentré de tomates*
- *250 g de saucisse de Toulouse*
- *1 cc d'herbes de Provence*
- *2 feuilles de basilic*
- *20 cl de bouillon de volaille*
- *sel, poivre.*

Préparation : 15 mn

Équeutez les haricots puis lavez-les sous l'eau froide courante.

Coupez la saucisse de Toulouse en petits morceaux de 3 cm environ.

Faites-les dorer dans une poêle et sur feu doux, juste pour leur faire prendre une légère couleur et leur faire rejeter une partie de leur graisse.

Égouttez les morceaux avant de les verser dans une cocotte-minute dans laquelle vous ajouterez les haricots, le concentré de tomates délayé dans le bouillon de volaille, les herbes de Provence, la gousse d'ail non épluchée, les tomates lavées, coupées et épépinées, le basilic haché finement, du sel, du poivre.

Fermez la cocotte et laissez mijoter 12 mn à partir du sifflement.

Servez aussitôt.

NAVETS SURPRISE

Ingrédients pour 6 personnes

- *6 beaux navets*
- *250 g de girolles*
- *1 petite boîte d'escargots cuisinés*
- *quelques brins de persil*
- *3 cs de crème fraîche allégée*
- *3 échalotes*
- *1 petite gousse d'ail*
- *1 cs de beurre.*
- *sel, poivre.*

Préparation : 30 mn

Lavez les navets puis séchez-les avant de couper une rondelle à chacun afin qu'ils tiennent debout.

Creusez l'intérieur en laissant suffisamment de navet tout autour et coupez la chair récupérée en petits bâtonnets.

Faites cuire les navets creusés 12 mn à la cocotte-minute, et pendant ce temps, réchauffez les escargots dans leur jus.

Préparez la farce, épluchez les échalotes, hachez-les et faites-les revenir 2 mn dans le beurre, ajoutez les champignons lavés, séchés et coupés en morceaux, la chair des navets et laissez 5 mn avant de verser les escargots égouttés, la crème fraîche, le persil haché, du sel, du poivre.

Mettez les navets sur un plat et remplissez avec la farce avant de déguster.

PAVÉS D'ÉPINARDS

Ingrédients pour 4 personnes

- *500 g d'épinards frais ou 250 g surgelés*
- *3 cs de farine*
- *3 œufs*
- *70 g de gruyère râpé*
- *1 gousse d'ail*
- *1 tranche de jambon blanc haché*
- *de l'huile pour faire frire*
- *sel, poivre.*

Préparation : 20 mn

Si les épinards sont frais, ôtez les tiges, lavez-les et plongez-les 3 mn dans de l'eau bouillante avant de les égoutter, puis ensuite, hachez-les sommairement au couteau.

Dans un saladier, battez les œufs en ajoutant l'ail épluché et haché, les épinards, la farine, le gruyère, le jambon, du sel, du poivre.

Mélangez afin d'obtenir une pâte un peu sèche vous permettant de faire des pavés épais d'1 cm environ (si besoin, ajoutez même un peu de farine).

Dans une casserole, faites chauffer l'huile et mettez les pavés à dorer les uns après les autres sans qu'ils se touchent.

Laissez-les cuire jusqu'à ce qu'ils soient dorés des deux côtés et égouttez-les soigneusement.

À déguster avec une sauce tomate un peu épaisse et une salade verte.

CHAMPIGNONS FARCIS

Ingrédients pour 6 personnes

- *12 grosses têtes de champignons de Paris*
- *200 g de julienne de légumes surgelée ou faite avec carottes, navets et céleri*
- *1 œuf*
- *2 cs de crème fraîche*
- *1 boîte de 150 g de thon au naturel*
- *2 cs de poudre de noisette*
- *1 cs de beurre*
- *quelques brins de persil*
- *un peu de chapelure*
- *sel, poivre.*

Préparation : 20 mn

Préchauffez le four th. 6 (180 °C).

Si vous faites la julienne, épluchez les légumes et coupez-les en bâtonnets très fins que vous ferez revenir dans un peu de matière grasse avant de couvrir d'eau salée et de laisser 20 mn sur feu doux.

Lavez les champignons et mettez-les dans un plat à four beurré.

Mettez la julienne dans un saladier et ajoutez-y l'œuf, la crème fraîche, le thon émietté, la poudre de noisette, le sel, le poivre, persil haché.

Répartissez ce mélange dans les têtes de champignon, saupoudrez de chapelure.

Répartissez le beurre et faites cuire au four pendant 40 mn environ.

GRATIN AUX ANCHOIS

Ingrédients pour 4 personnes

- *500 g de tomates*
- *500 g de pommes de terre*
- *de la chapelure*
- *1 petite boîte de filets d'anchois*
- *2 cs d'huile d'olive*
- *3 cs de pignons*
- *1 cs d'herbes de Provence*
- *sel, poivre.*

Préparation : 25 mn

Préchauffez le four th. 7 (210 °C).

Épluchez les pommes de terre et coupez-les en rondelles un peu épaisses.

Lavez puis coupez les tomates en grosses rondelles.

Dans un plat à four huilé, versez la moitié des pommes de terre, salez, poivrez, ajoutez les tomates et terminez avec les pommes de terre qui restent.

Parsemez d'herbes de Provence, disposez les filets d'anchois bien égouttés, saupoudrez les pignons puis terminez avec la chapelure.

Versez sur l'ensemble le reste d'huile d'olive avant de glisser le plat au four.

Faites cuire 40 mn environ en surveillant que votre gratin prenne une belle couleur.

Piquez un couteau pour vérifier la cuisson des pommes de terre puis servez très chaud accompagné d'une salade verte.

FONDUE DE CHOU ROUGE

Ingrédients pour 4 personnes

- *1 chou rouge*
- *2 pommes épluchées et émincées*
- *3 oignons pelés et coupés en rondelles fines*
- *1 échalote pelée et émincée*
- *200 g de lardons*
- *3 cs de beurre*
- *un peu de noix de muscade*
- *2 cs de cassonade*
- *3 cs de vinaigre*
- *sel, poivre.*

Préparation : 20 mn

Retirez toutes les parties dures du chou, coupez-le en quatre, puis en fins bâtonnets.

Dans une grande sauteuse, faites revenir doucement les lardons sans rien afin qu'ils rendent leur graisse.

Jetez-la et remplacez par les oignons et l'échalote, laissez jusqu'à ce que les oignons soient transparents.

Ajoutez alors le chou, puis quand il est un peu cuit, versez les pommes émincées sans mélanger.

Mouillez alors avec le vinaigre, couvrez, et laissez cuire sur feu doux quelques minutes avant de saupoudrer de sucre, et continuez la cuisson 1 h.

Assaisonnez alors de sel, de poivre, de noix de muscade rapée, versez un grand verre d'eau chaude, mélangez le tout et couvrez pour 30 mn de cuisson lente.

Le plat est prêt quand tout le liquide est évaporé.

AUBERGINES TANTE MARTHE

Ingrédients pour 4 personnes

- *4 belles aubergines*
- *3 œufs*
- *2 oignons émincés*
- *un peu de chapelure*
- *15 cl de lait (3/4 de verre)*
- *7 biscottes*
- *quelques feuilles de basilic*
- *un peu d'huile d'olive*
- *sel, poivre.*

Préparation : 20 mn

Préchauffez le four th. 7 (210 °C).

Pressez les biscottes dans vos mains après les avoir mises à tremper dans le lait, puis à égoutter.

Ajoutez les œufs battus, le sel, le poivre.

Coupez les aubergines en tranches dans le sens de la longueur et faites-les revenir dans un peu d'huile sur un seul côté avant de les égoutter sur du papier absorbant.

Dans un plat à four huilé, placez une couche d'aubergines avec le côté doré dessus, couvrez d'un peu de farce et refaites une deuxième couche d'aubergines-farce, et ainsi de suite jusqu'à épuisement des ingrédients.

Mettez à cuire 20 mn puis ajoutez la chapelure avant de passer sous le gril.

Servez avec de la sauce tomate et le basilic haché.

TERRINE FRAÎCHE

Ingrédients pour 6 personnes

- *12 beaux champignons de Paris*
- *1 grosse courgette*
- *2 grosses tomates*
- *1/2 chou-fleur*
- *6 artichauts violets*
- *le jus de 1/2 citron*
- *20 cl de vin blanc sec*
- *3 cs d'huile d'olive*
- *sel, poivre.*

Préparation : 30 mn

Lavez soigneusement et coupez en morceaux les champignons, puis détaillez la courgette en petits bâtonnets, rincez les bouquets de chou-fleur.

Coupez le haut des artichauts, retirez le foin et faites-les cuire à l'eau bouillante 4 mn avant de les couper en six.

Dans une sauteuse assez haute, faites chauffer l'huile d'olive, puis ajoutez les légumes, le vin blanc, le jus de citron, du sel et du poivre.

Quand cela arrive à ébullition comptez un bon quart d'heure à feu doux.

Dès que c'est cuit, retirez du feu et ajoutez les tomates lavées, épépinées et coupées en petits dés.

Mélangez bien le tout puis laissez refroidir jusqu'au soir ou au lendemain.

À servir avec une viande blanche ou du poisson.

AVOCATS EN TIMBALES

Ingrédients pour 6 personnes

- *3 avocats*
- *250 g de saumon frais et 1 tranche de saumon fumé*
- *3 feuilles de gélatine*
- *le jus d'un citron*
- *1 échalote*
- *10 cl de vin blanc*
- *du paprika*
- *150 g de crème fraîche allégée*
- *100 g de beurre*
- *quelques brins de ciboulette*
- *sel, poivre.*

Préparation : 30 mn

Ouvrez les avocats et mixez la chair prélevée, ajoutez le jus de citon, 80 g de crème, la gélatine fondue dans 1cs d'eau chaude, du paprika, du sel et du poivre.

Beurrez 6 ramequins et mettez-les au frais.

Découpez les saumons en rectangles et tapissez les ramequins en intercalant saumon frais et saumon fumé, puis remplissez avec la mousse d'avocats.

Couvrez d'aluminium et mettez au congélateur 15 mn puis faites cuire au four, au bain marie, pour 5 mn pendant que vous faites la sauce.

Réduisez le vin blanc avec l'échalote émincée, puis ajoutez le beurre jusqu'à obtention d'une mousse, ajoutez le reste de crème, le sel, le poivre, la ciboulette.

Démoulez les timbales et servez avec la sauce.

QUICHE DE CAROTTES

Ingrédients pour 6 personnes

- *1,5 kg de carottes*
- *1 jaune d'œuf*
- *150 g de gruyère râpé*
- *50 g d'amandes effilées*
- *2 paquets de pâte brisée prête à dérouler*
- *20 cl de crème fraîche allégée*
- *un peu de curry et de paprika*
- *une poignée de persil haché*
- *sel, poivre.*

Préparation : 15 mn

Préchauffez le four th. 6 (180 °C).

Épluchez, lavez et coupez les carottes en rondelles.

Faites-les cuire à la cocotte-minute.

Réduisez-les en purée puis ajoutez la crème fraîche, 100 g de gruyère râpé, le curry, le paprika, le persil haché, du sel, du poivre.

Beurrez et farinez un moule à tarte et déroulez un paquet de pâte brisée.

Versez la purée de carottes, saupoudrez avec le reste de gruyère râpé puis étalez le deuxième paquet de pâte brisée par dessus en formant une cheminée.

Avec un pinceau, passez le jaune d'œuf dilué avec un peu d'eau puis parsemez d'amandes effilées.

Mettez au four pour 30 mn

Ce plat que vous pourez savourer avec une salade croquante aillée sera aussi très bon en mélangeant carottes et céleri-rave.

CHOU-FLEUR AURORE

Ingrédients pour 4 personnes

- *1 beau chou-fleur*
- *120 g de mimolette râpée*
- *1 cs de farine*
- *40 g de beurre*
- *1 jaune d'œuf*
- *25 cl de lait*
- *10 cl de crème fraîche allégée*
- *2 cs de concentré de tomate*
- *sel, poivre.*

Préparation : 20 mn

Préchauffez le four th. 7 (210 °C).

Recueillez les bouquets de chou-fleur que vous lavez soigneusement avant de les faire cuire 15 mn à l'eau bouillante salée.

Faites une béchamel avec le beurre, la farine puis le lait froid, du sel, du poivre.

Battez la crème avec le jaune d'œuf, ajoutez le concentré de tomate, mélangez et versez le tout dans la béchamel.

Faites chauffer sans bouillir.

Beurrez un plat à four et versez-y le chou-fleur bien égoutté.

Recouvrez de sauce, saupoudrez la mimolette râpée et enfournez pour 20 mn environ.

Servez très chaud avec une viande blanche ou un poisson.

OIGNONS DU SUD

Ingrédients pour 4 personnes

- *12 gros oignons*
- *100 g de raisins secs*
- *5 cs de beurre*
- *25 cl de bouillon de bœuf*
- *1 cs de curry*
- *sel, poivre.*

Préparation : 10 mn

Préchauffez le four th. 6 (180 °C).

Mettez les raisins secs à tremper 1 h dans un peu d'eau chaude.

Ôtez la peau des oignons puis plongez-les dans une casserole d'eau bouillante salée 4 mn.

Retirez-les et égouttez-les puis laissez-les refroidir.

Beurrez un plat allant au four.

Disposez les oignons dans le plat et versez dessus le bouillon.

Parsemez les raisins bien égouttés.

Mettez quelques noisettes de beurre et enfournez.

Surveillez la cuisson en arrosant souvent avec le jus de cuisson.

Quand ils sont cuits, mettez les oignons et les raisins dans le plat de service et réservez au chaud.

Recueillez le jus dans une petite casserole, ajoutez le curry et faites réduire sur feu vif quelques minutes juqu'à ce que cela devienne sirupeux.

Servez les oignons bien chauds avec la sauce.

TABLE DES MATIÈRES

Imprimé en France
par Arts'Print Numeric - 24, rue de Vire - 14110 Condé-sur-Noireau
N° d'Imprimeur : 00087 - Dépôt légal : janvier 2013
Tel. 06 73 66 85 80 - mail : artsprintnumeric@gmail.com